AF191192

¿CUÁNTO SABES DE LA SEMANA SANTA DE SEVILLA?

Impresion y editorial : BoD - Books on Demand
info@bod.com.es – www.bod.com.es
Impreso en Alemania – Printed in Germany
ISBN: 9788411740272

1 ¿DÓNDE TIENE SU SEDE LA HERMANDAD DE PINO MONTANO?

A - PARROQUIA DEL BUEN PASTOR.

B - IGLESIA SAN ISIDRO LABRADOR.

C - REAL PARROQUIA DE SEÑORA SANTA ANA.

2 ¿QUÉ HERMANDAD TIENE EL ÚNICO PASO DE SEVILLA QUE NARRA EL ARRESTO DE JESÚS EN EL EVANGELIO DE SAN MARCOS?

A - HERMANDAD DE PINO MONTANO.

B - HERMANDAD DEL DIVINO PERDÓN.

C - HERMANDAD DE LA ESTRELLA.

3 ¿POR QUÉ BARRIO PROCESIONA LA HERMANDAD DE LA MISIÓN?

A - TRIANA.

B - HELIÓPOLIS.

C - LOS REMEDIOS.

4 ¿CUÁL ES EL LEMA DE LA HERMANDAD DE LA MISIÓN?

A - CHARITAS CHRISTI URGET NOS.

B - IPSSISIMA VERBA IESU.

C - YO SOY LA VERDAD.

5 ¿QUÉ ESCULTOR LABRÓ LA VIRGEN TITULAR DE LA HERMANDAD DE BELLAVISTA?

A - JOSÉ ANTONIO NAVARRO ARTEAGA.

B - JUAN DE ASTORGA.

C - LUIS ÁLVAREZ DUARTE.

6 ¿EN QUÉ BARRIO SE SITÚAN LOS ORÍGENES DE LA HERMANDAD DE PASIÓN Y MUERTE?

A - TRIANA.

B - NERVIÓN.

C - EL CERRO.

7 ¿CUÁNTOS PASOS TIENE LA HERMANDAD DE PADRE PÍO?

A – 1.

B – 3.

C – 2.

8 LA TÚNICA DE LA HERMANDAD DE LA CENA LLEVA UN CINTURÓN ¿DE QUÉ MATERIAL?

A – ALGODÓN.

B – ESPARTO.

C – SEDA.

9 ¿QUÉ HERMANDAD ES CONOCIDA COMO "LA VALIENTE"?

A – LA HERMANDAD DE LA MISIÓN.

B – LA HERMANDAD DEL DIVINO PERDÓN.

C – LA HERMANDAD DE LA ESTRELLA.

10 ¿QUÉ SE SOLICITA EN LA CAMPANA?

A - EL DIPUTADO MAYOR PIDE LA VENIA.

B - EL PRESIDENTE PIDE LA VENIA.

C - EL DIPUTADO MAYOR PIDE CONCILIO.

11 ¿DE QUÉ COLOR ES LA TÚNICA DE LA HERMANDAD DE LA O?

A - AZUL.

B - MORADA.

C - NEGRA.

12 ¿QUÉ DÍA PROCESIONA LA HERMANDAD DE LAS TRES CAÍDAS?

A - JUEVES.

B - VIERNES.

C - DOMINGO.

En esta noche,
Viernes Santo,
debe permanecer
sólo una
palabra, que es
la Cruz misma.

13 ¿QUÉ HERMANDAD HA SIDO LA PRIMERA EN LA HISTORIA DE SEVILLA EN TENER A UNA MUJER COMO DIPUTADA MAYOR DE GOBIERNO?

A - LA HERMANDAD DE MONTSERRAT.

B - LA HERMANDAD DEL CACHORRO.

C - LA HERMANDAD DE LA SAGRADA MORTAJA.

14 ¿DÓNDE EMPIEZA LA CARRERA OFICIAL?

A - LA CATEDRAL.

B - LA CAMPANA.

C - AVENIDA CONSTITUCIÓN.

15 LA HERMANDAD DE LA TRINIDAD LA FUNDÓ UN GRUPO DE:

A - HORTELANOS.

B - ZAPATEROS.

C - MARINEROS.

16 LA IMAGEN DEL CRISTO DEL CACHORRO FUE TALLADA EN EL AÑO:

A - 1682.

B - 1882.

C - 1912.

17 LA HERMANDAD DEL CALVARIO REALIZA SU ESTACIÓN DE PENITENCIA EN SILENCIO. ¿VERDADERO O FALSO?

A - VERDADERO.

B - FALSO.

18 ¿QUÉ PORTAN EN EL LADO IZQUIERDO DE LA CAPA LOS NAZARENOS DE LA HERMANDAD DE LA QUINTA ANGUSTIA?

A - UN CRUZ INVERTIDA.

B - EL ANAGRAMA JHS.

C - EL ESCUDO DE SEVILLA.

19 ¿CUÁL FUE LA PRIMERA HERMANDAD SEVILLANA QUE RECIBIÓ EL TÍTULO DE ARCHICOFRADÍA?

A - LA HERMANDAD DEL SILENCIO.

B - LA HERMANDAD DE LAS CIGARRERAS.

C - LA HERMANDAD DEL VALLE.

20 ¿CUÁL ES EL LEMA DE LA HERMANDAD DE JESÚS DEL GRAN PODER?

A - EN TUS MANOS ESTÁ EL PODER Y EL IMPERIO.

B - YO SOY LA VERDAD.

C - TODOS BAJO LA CRUZ.

21 ¿CUÁNTOS COSTALEROS TIENE EL PASO DE CRISTO DEL CALVARIO?

A - 40.

B - 30.

C - 25.

22 ¿QUÉ DOCUMENTO TE PERMITE SALIR EN PROCESIONES?

A - UN PERMISO COFRADE.

B - EL PAPEL DE HERMANÍA.

C - LA PAPELETA DE SITIO.

23 ¿CUÁNTOS PASOS TIENE LA HERMANDAD DE LA SAGRADA MORTAJA?

A - 1.

B - 2.

C - 3.

24 ¿QUIÉN ES CONOCIDO COMO EL "SEÑOR DE SEVILLA"?

A - EL CACHORRO.

B - JESÚS DEL GRAN PODER.

C - SAN FERNANDO.

25 ¿DE QUÉ COLOR ES LA TÚNICA DE LA HERMANDAD DEL BARATILLO?

A - AZUL

B - MORADA.

C - BLANCA.

26 ¿DÓNDE SE UBICA LA SEDE CANÓNICA DE LA HERMANDAD DEL CRISTO DE BURGOS?

A - EN LA IGLESIA DEL SALVADOR.

B - EN LA PARROQUIA DE SANTA MARÍA LA BLANCA.

C - EN LA IGLESIA PARROQUIAL DE SAN PEDRO.

27 EL PALIO DE LA VIRGEN DEL BUEN FIN DE LA HERMANDAD DE LA LANZADA TIENE EL FALDÓN DELANTERO BORDADO CON:

A - TRES ROSAS.

B - EL ESCUDO DE SEVILLA.

C - UNA CRUZ MORADA.

Ningún hombre puede seguir a Cristo y perderse.

28 ¿QUÉ HERMANDAD PROCESIONA EL CRISTO DE LAS SIETE PALABRAS?

A - LA HERMANDAD DE LAS SIETE CRUCES.

B - LA HERMANDAD DE LAS SIETE PALABRAS.

C - LA HERMANDAD DE LOS PANADEROS.

29 LA HERMANDAD DE LA LANZADA FUE FUNDADA POR UN UN GREMIO ¿DE?

A - GANADEROS.

B - RELOJEROS.

C - MARINEROS .

30 ¿QUÉ HERMANDAD CON ADVOCACIÓN A LA VIRGEN DEL ROSARIO ES LA MÁS ANTIGUA DE LA CIUDAD?

A - LA HERMANDAD DE MONTE-SION.

B - LA HERMANDAD DE LA EXALTACIÓN.

C - LA HERMANDAD DE LA CARRETERÍA.

31 ¿QUE ES UN SIMPECADO?

A - UN INCENSIARIO DEL PASO.

B - UN ESTANDARTE QUE REPRESENTA A LA VIRGEN.

C - UN PORTADOR DE LA CRUZ DE GUIA.

32 EL ACOMPAÑAMIENTO MUSICAL DE LA VIRGEN DEL VALLE CORRE A CARGO ¿DE QUÉ BANDA?

A - LA BANDA DE MÚSICA DEL MAESTRO TEJERA.

B - LA OLIVA DE SALTERAS.

C - BANDA DE MÚSICA DE LA CRUZ ROJA DE SEVILLA.

33 ¿DE QUÉ COLOR SON LOS CIRIOS EN EL CORTEJO DE JESÚS DE PASIÓN DE LA HERMANDAD DE PASIÓN?

A - BLANCOS.

B - ROJOS.

C - BEIGE.

34 JESÚS NAZARENO DE LA HERMANDAD DEL SILENCIO LLEVA LA CRUZ EN POSICIÓN INVERSA A LA DE LOS OTROS NAZARENOS SEVILLANOS. ¿VERDAD O MENTIRA?

A - VERDAD.

B - MENTIRA.

35 ¿CUÁNTOS PASOS TIENE LA HERMANDAD DE MON-TE-SION?

A - 3.

B - 1.

C - 2.

36 ¿EN QUÉ AÑO SE FUNDÓ LA HERMANDAD DEL SILEN-CIO?

A - 1890.

B - 1340.

C - 1999.

37 ¿QUÉ DÍA PROCESIONA LA HERMANDAD DE LOS NEGRITOS?

A - VIERNES SANTO.

B - JUEVES SANTO.

C - DOMINGO DE RESURRECCIÓN.

38 ¿QUIÉN ES POPULARMENTE CONOCIDA COMO LA REINA DE TRIANA?

A - LA VIRGEN DE LA ESPERANZA DE TRIANA.

B - LA VIRGEN DE LA ESPERANZA MACARENA.

C - LA VIRGEN DE LA O.

39 ¿DE QUÉ HERMANDAD SE HIZO HERMANO DE LA COFRADÍA EL TORERO CURRO ROMERO?

A - DE LA HERMANDAD DEL CACHORRO.

B - DE LA HERMANDAD DE LA RESURRECCIÓN.

C - DE LA HERMANDAD DE LOS GITANOS.

40 ¿DÓNDE SE COLOCAN LOS COSTALEROS EN EL PASO?

A - EN LAS TRABAJADORAS.

B - EN LOS COSTALES.

C - EN LAS CHICOTÁS.

41 ¿QUÉ HERMANDAD CLAUSURA LA SEMANA SANTA SEVILLANA?

A - LA HERMANDAD DEL SANTO ENTIERRO.

B - LA HERMANDAD DE LA RESURRECCIÓN.

C - LA HERMANDAD DEL SOL.

42 ¿QUÉ DÍA PROCESIONA LA HERMANDAD DEL BUEN FIN?

A - MIÉRCOLES SANTO.

B - VIERNES SANTO.

C - JUEVES SANTO.

43 ¿DE QUÉ CIUDAD SON LOS INICIOS DE LA HERMANDAD DEL CARMEN?

A - SEVILLA.

B - MÁLAGA.

C - CÁDIZ.

44 EL SANTÍSIMO CRISTO DE LAS MISERICORDIAS DE LA HERMANDAD DE SANTA CRUZ PROCESIONA:

A - SIN CORONA DE ESPINAS.

B - CON CORONA DE ESPINAS.

C - SIN CORONA DE ESPINAS Y SIN POTENCIAS.

45 ¿EN QUÉ AÑO SE FUNDÓ LA HERMANDAD DE SANTA CRUZ?

A - 1904.

B - 1804.

C - 1704.

La resurrección de Cristo es perdón para los pecadores, vida para los que aceptaron su obra en la cruz, y gloria por la eternidad con Él en los cielos.

46 ¿EN QUÉ BARRIO FUE INSTITUIDA LA HERMANDAD DE LA SED?

A - TRIANA.

B - NERVIÓN.

C - LOS REMEDIOS.

47 ¿DE QUÉ HERMANDAD SE HIZO HERMANO EL PINTOR FRANCISCO DE ZURBARÁN?

A - DE LA HERMANDAD DEL DULCE NOMBRE.

B - DE LA HERMANDAD DEL CARMEN.

C - DE LA HERMANDAD DE LAS CIGARRERAS.

48 ¿QUÉ VIRGEN LLEVA LAS "MARIQUILLAS"?

A - LA ESPERANZA DE TRIANA.

B - LA ESPERANZA MACARENA.

C - LA ESPERANZA DE LA TRINIDAD.

49 ¿DE QUÉ COLOR SON LAS TÚNICAS DE LA HERMANDAD DE LA CARRETERÍA?

A - AZUL.

B - MORADO.

C - NEGRO.

50 LA HERMANDAD DEL BUEN FIN FUE FUNDADA POR EL GREMIO DE...

A - CIGARREROS.

B - CURTIDORES.

C - MARINEROS.

51 ¿QUÉ BANDA LLEVA COMO ACOMPAÑAMIENTO MUSICAL LA HERMANDAD DE LOS PANADEROS EN EL PASO DE CRISTO?

A - LA BANDA DE MÚSICA CARMEN DE SALTERAS.

B - LA BANDA DE MÚSICA DEL MAESTRO TEJERA.

C - LA BANDA DE LAS CIGARRERAS.

52 ¿QUÉ HERMANDAD ES CONOCIDA COMO "LA BOFETÁ"?

A - LA HERMANDAD DE LA CANDELARIA.

B - LA HERMANDAD DEL DULCE NOMBRE.

C - LA HERMANDAD DEL SOL.

53 ¿QUÉ HERMANDAD FUE LA PRIMERA EN SEVILLA EN MOSTRAR EL MISTERIO DE LA SOLEDAD DE MARÍA, SOLA Y AL PIE DE LA CRUZ?

A - LA HERMANDAD DE LA SOLEDAD DE SAN BUENAVENTURA.

B - LA HERMANDAD DE LA SED.

C - LA HERMANDAD DE LA CANDELARIA.

54 ¿QUÉ DÍA PROCESIONA LA HERMANDAD DE SAN ESTE-BAN?

A - EL JUEVES SANTO.

B - EL MIÉRCOLES SANTO.

C - EL MARTES SANTO.

55 LA CERA QUE PORTAN LOS HERMANOS DE LA HERMANDAD DE LA CORONA ES DE COLOR AMARILLO Y ES CONOCIDA POPULARMENTE COMO COLOR:

A - ESPÍRITU.

B - TINIEBLA.

C - TORMENTA.

56 ¿DE QUÉ COLOR ES EL HÁBITO DE LA HERMANDAD DE PASIÓN Y MUERTE?

A - MORADO.

B - AZUL.

C - NEGRO.

57 ¿DÓNDE ESTÁ RADICADA LA HERMANDAD DE LA CORONA?

A - EN LA PARROQUIA DEL SAGRARIO DE LA CATEDRAL.

B - EN LA PARROQUIA DEL BUEN PASTOR.

C - EN LA IGLESIA PARROQUIAL DEL DULCE NOMBRE DE MARÍA.

58 ¿QUÉ DÍA PROCESIONA LA HERMANDAD DEL DIVINO PERDÓN?

A - EL JUEVES SANTO.

B - EL VIERNES SANTO.

C - EL SÁBADO DE PASIÓN.

59 LA IMAGEN DEL CRISTO DEL DIVINO PERDÓN DE LA HERMANDAD DEL DIVINO PERDÓN REPRESENTA A JESÚS CON LA CRUZ A CUESTAS. ¿VERDADERO O FALSO?

A - FALSO.

B - VERDADERO.

60 ¿QUÉ LLEVA EN SU MANO LA VIRGEN DE LA ESTRELLA DURANTE LA PROCESIÓN?

A - UNA CORONA.

B - EL RELICARIO.

C - UNA VELA.

61 ¿CUÁL ES LA PRIMERA HERMANDAD EN ABRIR LA CARRERA OFICIAL DEL DOMINGO DE RAMOS?

A - LA HERMANDAD DE PADRE PÍO.

B - LA HERMANDAD DE LOS DOLORES.

C - LA HERMANDAD DE LA BORRIQUITA.

62 ¿DÓNDE SE COLOCAN LOS NAZARENOS DE LA HERMANDAD EL DESPOJADO EL ESCUDO DE LA HERMANDAD?

A - EN EL LADO DERECHO DE LA CAPA.

B - EN EL LADO IZQUIERDO DE LA CAPA.

C - EN LA PARTE DE ATRÁS DE LA CAPA.

63 ¿A QUÉ HERMANDAD PERTENECE LA IMAGEN DE NUESTRA SEÑORA DEL SUBTERRÁNEO?

A - LA HERMANDAD DE LA CENA.

B - LA HERMANDAD DE BELLAVISTA.

C - LA HERMANDAD DE SANTA GENOVEVA..

64 LA HERMANDAD DE NUESTRA SEÑORA DE LA ESTRELLA FUE FUNDADA POR:

A - MARINEROS.

B - ESPARTEROS.

C - PANADEROS.

65 ¿DE QUÉ COLOR ES EL PALIO Y EL MANTO DE LA VIRGEN DE LA AMARGURA?

A - BLANCO.

B - GRANATE.

C - AZUL OSCURO.

66 LA HERMANDAD DE LA ESTRELLA ES MADRINA DE LA HERMANDAD DE:

A - SAN ROQUE.

B - BELLAVISTA.

C - PASIÓN Y MUERTE.

Si no te conoces,
no te podrás
ver.
La Bondad de
Dios es grande
y nunca cierra
sus puertas.

67 ¿DÓNDE TIENE LA HERMANDAD DE LA ESPERANZA DE TRIANA SU SEDE CANÓNICA?

A - EN LA CAPILLA DE LOS MARINEROS.

B - EN LA CAPILLA DE LOS GITANOS.

C - EN LA CAPILLA DE LOS CACHORROS.

68 "EL CACHORRO", UNA LEYENDA DICE QUE SE LLAMA ASÍ PORQUE EL IMAGINERO ESCOGIÓ COMO MODELO EL ROSTRO DE:

A - UN GITANO QUE TENÍA ESE APODO.

B - UN GITANO QUE SE PARECÍA A UN CACHORRO.

C - UN GITANO QUE TENÍA UN CACHORRO.

69 ¿QUÉ ES CONOCIDO POPULARMENTE COMO "LA CANINA"?

A - UNA CORONA DE LA HERMANDAD DEL SANTO ENTIERRO.

B - UN PASO DE LA HERMANDAD DEL SANTO ENTIERRO.

C - UNA PASO DE LA ESPERANZA DE TRIANA.

70 ¿DE QUÉ HERMANDAD ES EL REY JUAN CARLOS I HERMANO MAYOR HONORARIO DE SU COFRADÍA?

A - HERMANDAD DE SAN GONZALO.

B - HERMANDAD DE LA VERA CRUZ.

C - HERMANDAD DE SAN BENITO.

71 ¿CUÁNTOS PASOS TIENE LA HERMANDAD DE SAN BENITO?

A - 2.

B - 3.

C - 1.

72 LA HERMANDAD DE LA CANDELARIA FUE FUNDADA POR FELIGRESES DE:

A - LA PARROQUIA DE SAN ANTONIO.

B - LA PARROQUIA DE SAN FERNANDO.

C - LA PARROQUIA DE SAN NICOLÁS.

73 ¿QUÉ HERMANDAD FUE FUNDADA POR UN GRUPO DE PROFESORES Y ALUMNOS DE LA UNIVERSIDAD DE SEVILLA?

A - LA HERMANDAD DE LOS PROFESORES.

B - LA HERMANDAD DE LOS ESTUDIANTES.

C - LA HERMANDAD DE SAN BERNARDO.

74 ¿DE QUÉ COLOR SON LAS TÚNICAS DE LA HERMANDAD DE SAN BERNARDO?

A - ROJAS.

B - NEGRAS.

C - MORADAS.

75 LA HERMANDAD DE LA EXALTACIÓN HA RESIDIDO DESDE EL SIGLO XVIII EN LA IGLESIA:

A - DE SANTA CATALINA.

B - DEL SAGRADO CORAZÓN.

C - DEL SALVADOR.

El amor de Dios es como el océano. Puedes ver donde comienza, pero jamás donde acaba.

76 ¿QUÉ DÍA PROCESIONA LA HERMANDAD DEL CARMEN?

A - JUEVES SANTO.

B - VIERNES SANTO.

C - MIÉRCOLES SANTO.

77 ¿QUÉ HERMANDAD FUE LA PRIMERA QUE SACÓ SUS DOS PASOS CON HERMANOS COSTALEROS?

A - LA HERMANDAD DE LA SED.

B - LA HERMANDAD DE SAN ESTEBAN.

C - LA HERMANDAD DE LOS SERVITAS.

78 ¿POR QUÉ ALGUNOS NAZARENOS DE LA HERMANDAD DE LAS AGUAS REPARTEN SOMBRERITOS MEXICANOS DE CARAMELO AL PROCESIONAR A MARÍA SANTÍSIMA DE GUADALUPE?

A - PORQUE LA MAYORÍA DE LOS HERMANOS SON MEXICANOS.

B - PORQUE LA HERMANDAD SE CREÓ EN MÉXICO.

C - POR SER LA VIRGEN DE GUADALUPE LA PATRONA DE MÉXICO.

79 ¿EN QUÉ AÑO SE FUNDÓ LA HERMANDAD DE LAS PENAS?

A – 1875.

B – 1475.

C – 1575.

80 ¿CÚAL ES EL LEMA DE LA HERMANDAD DE LA VERA CRUZ?

A – A JESÚS POR MARÍA.

B – TU CRUZ EN NUESTRA CRUZ.

C – COGE TU CRUZ Y SÍGUEME.

81 ¿ CUÁL ES LA PRIMERA HERMANDAD DE PENITENCIA QUE HA NOMBRADO A UNA MUJER COMO HERMANA MAYOR DE SU CORPORACIÓN?

A – LA HERMANDAD DE LAS PENAS.

B – LA HERMANDAD DE LA SED.

C – LA HERMANDAD DE LOS JAVIERES.

82 ¿QUÉ LLEVAN EN SU ANTIFAZ, A LA ALTURA DEL PECHO, LOS HERMANOS DE LA HERMANDAD DE LA AMARGURA?

A - LA CRUZ DE MALTA.

B - EL ESCUDO DE SEVILLA.

C - UNA CRUZ INVERTIDA.

83 ¿CUÁL ES LA ÚNICA IMAGEN DE SEVILLA QUE OSTENTA EL TÍTULO DE REINA DE CIELOS Y TIERRA?

A - LA VIRGEN DE LA PAZ.

B - LA ESPERANZA DE TRIANA.

C - LA VIRGEN DEL SUBTERRÁNEO.

84 LA HERMANDAD DEL MUSEO FUE FUNDADA POR EL GREMIO DE:

A - PLATEROS.

B - ESPARTEROS.

C - MARINEROS.

85 ¿DE QUÉ BARRIO ES LA HERMANDAD DEL CERRO?

A - SANTA CRUZ.

B - CERRO DEL ÁGUILA.

C - NERVIÓN.

86 NUESTRA SEÑORA DE LA SALUD CORONADA, DE LA HERMANDAD DE SAN GONZALO TIENE SU ROSTRO SURCADO POR:

A - 5 LÁGRIMAS DE CRISTAL.

B - 3 LÁGRIMAS DE CRISTAL.

C - 1 LÁGRIMA DE CRISTAL.

87 ¿CUÁNDO PROCESIONA LA HERMANDAD DE SAN GONZALO?

A - EL MIÉRCOLES SANTO.

B - EL VIERNES SANTO.

C - EL LUNES SANTO.

El sufrimiento humano ha alcanzado su culmen en la pasión de Cristo.

88 LA IMAGEN DE NUESTRO PADRE JESÚS CAUTIVO DE LA HERMANDAD DE SANTA GENOVEVA VISTE UN HÁBITO DE COLOR:

A – PÚRPURA.

B – NEGRO.

C – GRANATE.

89 ¿QUÉ LLEVA EN SU MANO IZQUIERDA LA VIRGEN DE LA PAZ?

A – UNA CRUZ DE PLATA.

B – UNA PALOMA BLANCA.

C – UNA RAMITA DE OLIVO.

90 LA HERMANDAD DE LA PAZ NO HA RECIBIDO LA MEDALLA DE LA CIUDAD. ¿VERDADERO O FALSO?

A – VERDADERO.

B – FALSO.

91 LA HERMANDAD DE LA BORRIQUITA FUE FUNDADA A FINALES DEL SIGLO:

A - XVI.

B - XV.

C - XVII.

92 ¿CUÁNTOS NAZARENOS TIENE LA HERMANDAD DE SAN JOSÉ OBRERO?

A - 150.

B - 350.

C - 750.

93 ¿CUÁL ES LA PRIMERA COFRADÍA EN PASAR POR LAS CALLES DE TRIANA EN SEMANA SANTA?

A - LA DE LA HERMANDAD DE LA ESTRELLA.

B - LA DE LA HERMANDAD DE SAN ROQUE.

C - LA DE LA HERMANDAD DE SANTA GENOVEVA.

94 EN EL CRISTO DE PASIÓN Y MUERTE CADA UNO DE SUS PIES ESTÁ ATRAVESADO POR UN CLAVO. ¿VERDADERO O FALSO?

A - VERDADERO.

B - FALSO.

95 ¿CUÁL ES LA ÚNICA IMAGEN REALIZADA CON BARRO?

A - LA VIRGEN DE LAS AGUAS.

B - LA VIRGEN DE LA O.

C - EL CRISTO DEL AMOR.

96 ¿CUÁL ES EL ÚNICO PASO QUE DESFILA DE ESPALDAS A LA MARCHA?

A - EL DE LA HERMANDAD DE PADRE PÍO.

B - EL DE LA HERMANDAD DEL DULCE.

C - EL DE LA HERMANDAD DE SANTA MARTA LEMA.

97 ¿QUÉ REGALA LA HERMANDAD DE LOS PANADEROS?

A - BOLSITAS DE PAN RALLADO.

B - BARRAS DE PAN.

C - PICOS DE PAN.

98 LA ERMITA DEL ROCÍO FUE BENDECIDA ¿POR QUÉ PAPA?

A - BENEDICTO XVI.

B - JUAN PABLO II.

C - JUAN PABLO I.

99 ¿OSTENTA LA HERMANDAD DE LAS CIGARRERAS EL TÍTULO DE "REAL"?

A - SÍ.

B - NO.

El creyente que ama la cruz, encuentra que aún las cosas más amargas que vienen a su vida son dulces.

100 ¿CUÁL ES EL LEMA DE LA HERMANDAD DE SANTA MARTA?

A – LA CARIDAD DE CRISTO NOS URGE.

B – A CRISTO VELAMOS A CRISTO ADORAMOS.

C – NUNCA SOLOS.

101 ¿QUÉ CUADRO SE ENCUENTRA EN LA IGLESIA PARROQUIAL DE LA MAGDALENA DE DOS HERMANAS?

A – UNO DE LA DE LA VIRGEN DEL ROCÍO.

B – UNO DE LA VIRGEN MACARENA.

C – UNO DE LA VIRGEN DE TRIANA.

102 ¿CUÁL FUE LA PRIMERA COFRADÍA EN SEVILLA QUE REALIZÓ UNA PROCESIÓN DOBLE?

A – LA DE LA SED.

B – LA DEL AMOR.

C – LA DEL CERRO.

103 EL PASO DEL CRISTO DEL AMOR INCLUYE UN ANIMAL, ¿CUÁL ES?

A - UNA PALOMA.

B - UN BURRO.

C - UN PELÍCANO.

104 ¿QUÉ LLEVA EN LA MANGA LA VIRGEN DE LA ESPERANZA DE TRIANA?

A - UN FLOTADOR.

B - UNA GORRA DE MARINERO.

C - UN ANCLA DE PLATA.

105 ¿QUÉ HERMANDAD LE ENTREGÓ A LA POLICÍA AUTONÓMICA EL TÍTULO DE HERMANO HONORARIO?

A - LA HERMANDAD DE LOS JAVIERES.

B - LA HERMANDAD DE LA HINIESTA.

C - LA HERMANDAD DEL CERRO.

106 ¿CUÁNTOS CIRIALES LLEVA LA SAGRADA MORTAJA EN SU CORTEJO?

A – 10.

B – 18.

C – 20.

107 ¿QUÉ VIRGEN ES CONOCIDA COMO LA "PALOMITA DE TRIANA"?

A – LA VIRGEN DE LOS DOLORES.

B – LA ESPERANZA DE TRIANA.

C – LA VIRGEN DE LA ENCARNACIÓN.

108 ¿DÓNDE SE ENCUENTRAN LAS IMÁGENES TITULARES DE LOS TRES PASOS DE LA HERMANDAD EL AMOR?

A – EN LA IGLESIA DEL SALVADOR.

B – EN LA PARROQUIA SAN LORENZO MÁRTIR.

C – EN LA IGLESIA SANTA MARÍA MAGDALENA.

109 ¿QUÉ HAY CAMUFLADA EN LA PEANA DEL PALIO DE LA VIRGEN DE LA PAZ?

A - TRES ROSAS EN PLATA.

B - TRES SETAS EN PLATA.

C - TRES GORRIONES EN PLATA.

110 ¿QUÉ PASO LLEVA LOS ESCUDOS DEL BETIS Y DEL SEVILLA?

A - EL DE MARÍA SANTÍSIMA DEL ROSARIO.

B - EL DE LA VIRGEN DE LOS DOLORES.

C - EL DE SANTA GENOVEVA.

111 EL PALIO DE MARÍA SANTÍSIMA DEL ROSARIO RECUERDA AL TRIUNFO EN LA BATALLA DE LEPANTO. ¿VERDADERO O FALSO?

A - VERDADERO.

B - FALSO.

Jesús dijo:
"Yo soy la resurrección y la vida. El que cree en mí vivirá, aunque muera; y todo el que vive y cree en mí, no morirá jamás".

112 ¿CUÁNDO PROCESIONA LA HERMANDAD DE LA MISIÓN?

A - EL VIERNES DE DOLORES.

B - EL MIÉRCOLES SANTO.

C - EL JUEVES SANTO.

113 ¿DÓNDE TIENE SU SEDE LA HERMANDAD DE BELLAVISTA?

A - EN LA IGLESIA DE SAN LUIS DE LOS FRANCESES.

B - EN LA PARROQUIA DE SANTA MARÍA LA BLANCA.

C - EN LA IGLESIA PARROQUIAL DEL DULCE NOMBRE DE MARÍA.

114 ¿CUÁL ES EL LEMA DE LA HERMANDAD EL DESPOJADO?

A - YO SOY LA VERDAD.

B - EL FRUTO DE LA VICTORIA DE CRISTO ES LA PAZ.

C - EN TUS MANOS ESTÁ EL PODER Y EL IMPERIO.

115 A LA IMAGEN DE NUESTRA SEÑORA DE LAS MERCEDES:

A - LE RECORREN DOS LÁGRIMAS EN LA MEJILLA DERECHA Y UNA EN LA IZQUIERDA.

B - LE FALTA UN DEDO.

C - LE FALTAN LAS PESTAÑAS DEL OJO DERECHO.

116 ¿DE QUÉ BARRIO ES LA HERMANDAD DE SANTA GENOVEVA?

A - LA CARTUJA.

B - TIRO DE LÍNEA.

C - LOS REMEDIOS.

117 ¿QUÉ HERMANDAD SE FUNDA EN 1947 EN LA IGLESIA DEL SAGRADO CORAZÓN?

A - LA HERMANDAD DE LOS JAVIERES.

B - LA HERMANDAD DE PADRE PÍO.

C - LA HERMANDAD DEL CERRO.

118 ¿QUIÉN TALLÓ LA IMAGEN DEL CRISTO DEL CACHORRO?

A – FRANCISCO ANTONIO RUIZ GIJÓN.

B – JOSÉ ANTONIO NAVARRO ARTEAGA.

C – LUIS ÁLVAREZ DUARTE.

119 ¿QUÉ HERMANDAD FUE LA PRIMERA EN ORGANIZAR LA PROCESIÓN DE IMPEDIDOS POR LAS CALLES DE SU PARROQUIA?

A – LA HERMANDAD DE SANTA GENOVEVA.

B – LA HERMANDAD DE LA SOLEDAD DE SAN LORENZO.

C – LA HERMANDAD DE SAN JOSÉ OBRERO.

120 ¿CUÁL ES EL LEMA DE LA HERMANDAD DE SAN PABLO?

A – YO SOY LA VERDAD.

B – ¿QUÉ MÁS PUEDO HACER POR VOSOTROS?

C – GLORIA A TI, TRINIDAD Y A LOS CAUTIVOS LIBERTAD.

Dícele Jesús:

"Porque me has visto has creído. Dichosos los que no han visto y han creído".

SOLUCIONES:

1: B - IGLESIA SAN ISIDRO LABRADOR.

2: A - HERMANDAD DE PINO MONTANO.

3: B - HELIÓPOLIS.

4: A - CHARITAS CHRISTI URGET NOS.

5: C - LUIS ÁLVAREZ DUARTE.

6: A - TRIANA.

7: C - 2.

8: B - ESPARTO.

9: C - LA HERMANDAD DE LA ESTRELLA.

10: A - EL DIPUTADO MAYOR PIDE LA VENIA.

11: B - MORADA.

12: B - VIERNES.

13: A - LA HERMANDAD DE MONTSERRAT.

14: B - LA CAMPANA.

15: A - HORTELANOS.

16: A - 1682.

17: A - VERDADERO.

18: B - EL ANAGRAMA JHS.

SOLUCIONES:

19: C - LA HERMANDAD DEL VALLE.

20: A - EN TUS MANOS ESTÁ EL PODER Y EL IMPERIO.

21: B - 30.

22: C - LA PAPELETA DE SITIO.

23: A - 1.

24: B - JESÚS DEL GRAN PODER.

25: A - AZUL.

26: C - EN LA IGLESIA PARROQUIAL DE SAN PEDRO.

27: B - EL ESCUDO DE SEVILLA.

28: B - LA HERMANDAD DE LAS SIETE PALABRAS.

29: C - MARINEROS .

30: A - LA HERMANDAD DE MONTE-SION.

31: B - UN ESTANDARTE QUE REPRESENTA A LA VIRGEN.

32: A - LA BANDA DE MÚSICA DEL MAESTRO TEJERA.

33: B - ROJOS.

34: A - VERDAD.

35: C - 2.

36: B - 1340.

SOLUCIONES:

37: B – JUEVES SANTO.

38: A – LA VIRGEN DE LA ESPERANZA DE TRIANA.

39: C – DE LA HERMANDAD DE LOS GITANOS.

40: A – EN LAS TRABAJADORAS.

41: B – LA HERMANDAD DE LA RESURRECCIÓN.

42: A – MIÉRCOLES SANTO.

43: C – CÁDIZ.

44: C – SIN CORONA DE ESPINAS Y SIN POTENCIAS.

45: A – 1904.

46: B – NERVIÓN.

47: A – DE LA HERMANDAD DEL DULCE NOMBRE.

48: B – LA ESPERANZA MACARENA.

49: A – AZUL.

50: B – CURTIDORES.

51: C – LA BANDA DE LAS CIGARRERAS.

52: B – LA HERMANDAD DEL DULCE NOMBRE.

53: A – LA HERMANDAD DE LA SOLEDAD DE SAN BUENAVENTURA.

54: C – EL MARTES SANTO.

SOLUCIONES:

55: B – TINIEBLA.

56: C – NEGRO.

57: A – EN LA PARROQUIA DEL SAGRARIO DE LA CATEDRAL.

58: C – EL SÁBADO DE PASIÓN.

59: B – VERDADERO.

60: B – EL RELICARIO.

61: C – LA HERMANDAD DE LA BORRIQUITA.

62: B – EN EL LADO IZQUIERDO DE LA CAPA.

63: A – LA HERMANDAD DE LA CENA.

64: A – MARINEROS.

65: B – GRANATE.

66: C – PASIÓN Y MUERTE.

67: A – EN LA CAPILLA DE LOS MARINEROS.

68: A – UN GITANO QUE TENÍA ESE APODO.

69: B – UN PASO DE LA HERMANDAD DEL SANTO ENTIERRO.

70: A – HERMANDAD DE SAN GONZALO.

71: B – 3.

72: C – LA PARROQUIA DE SAN NICOLÁS.

SOLUCIONES:

73: B - LA HERMANDAD DE LOS ESTUDIANTES.

74: C - MORADAS.

75: A - DE SANTA CATALINA.

76: C - MIÉRCOLES SANTO.

77: B - LA HERMANDAD DE SAN ESTEBAN.

78: C - POR SER LA VIRGEN DE GUADALUPE LA PATRONA DE MÉXICO.

79: A - 1875.

80: C - COGE TU CRUZ Y SÍGUEME.

81: C - LA HERMANDAD DE LOS JAVIERES.

82: A - LA CRUZ DE MALTA.

83: C - LA VIRGEN DEL SUBTERRÁNEO.

84: A - PLATEROS.

85: B - CERRO DEL ÁGUILA.

86: A - 5 LÁGRIMAS DE CRISTAL.

87: C - EL LUNES SANTO.

88: A - PÚRPURA.

89: C - UNA RAMITA DE OLIVO.

90: B - FALSO.

SOLUCIONES:

91: A – XVI.

92: B – 350.

93: A – LA DE LA HERMANDAD DE LA ESTRELLA.

94: A – VERDADERO.

95: A – LA VIRGEN DE LAS AGUAS.

96: B – EL DE LA HERMANDAD DEL DULCE.

97: C – PICOS DE PAN.

98: B – JUAN PABLO II.

99: A – SÍ.

100: A – LA CARIDAD DE CRISTO NOS URGE.

101: A – UNO DE LA DE LA VIRGEN DEL ROCÍO.

102: B – LA DEL AMOR.

103: C – UN PELÍCANO.

104: A – UN FLOTADOR.

105: C – LA HERMANDAD DEL CERRO.

106: B – 18.

107: C – LA VIRGEN DE LA ENCARNACIÓN.

108: A – EN LA IGLESIA DEL SALVADOR.

SOLUCIONES:

109: B – TRES SETAS EN PLATA.

110: C – EL DE SANTA GENOVEVA.

111: A – VERDADERO.

112: A – EL VIERNES DE DOLORES.

113: EN LA IGLESIA PARROQUIAL DEL DULCE NOMBRE DE MARÍA.

114: B – EL FRUTO DE LA VICTORIA DE CRISTO ES LA PAZ.

115: A – LE RECORREN DOS LÁGRIMAS EN LA MEJILLA DERECHA Y UNA EN LA IZQUIERDA.

116: B – TIRO DE LÍNEA.

117: A – LA HERMANDAD DE LOS JAVIERES.

118: A – FRANCISCO ANTONIO RUIZ GIJÓN.

119: B – LA HERMANDAD DE LA SOLEDAD DE SAN LORENZO.

120: C – GLORIA A TI, TRINIDAD Y A LOS CAUTIVOS LIBERTAD.

PUNTUACIONES:

JUGADOR 1:

JUGADOR 2:

JUGADOR 3:

JUGADOR 4:

Jesús dijo:
"Yo soy el
camino,
la verdad
y la vida".

¿CUÁNTO SABES DE LA SEMANA SANTA DE SEVILLA?